* 이 책은 화재 현장에서 일하시는

　박승균 소방관의 경험을 바탕으로 만들었습니다.

안전 생활 지침서

화재

박승균 소방관 글
마리 그림

안녕하세요.
저는 '일상이'라고
해요.

다림

불은 우리를 따뜻하게 해 주고,
맛있는 음식을 만들 수 있게 도와주지요.
하지만 조금만 방심하면
소중한 가족과 집을 잃게 만들 수 있는
정말 무서운 불도 된답니다!

12,507

12,704

17,458

14,249

16,487

18,747

22,043

25,071

28,556

29,472

32,664

33,856

34,844

36,169

32,966

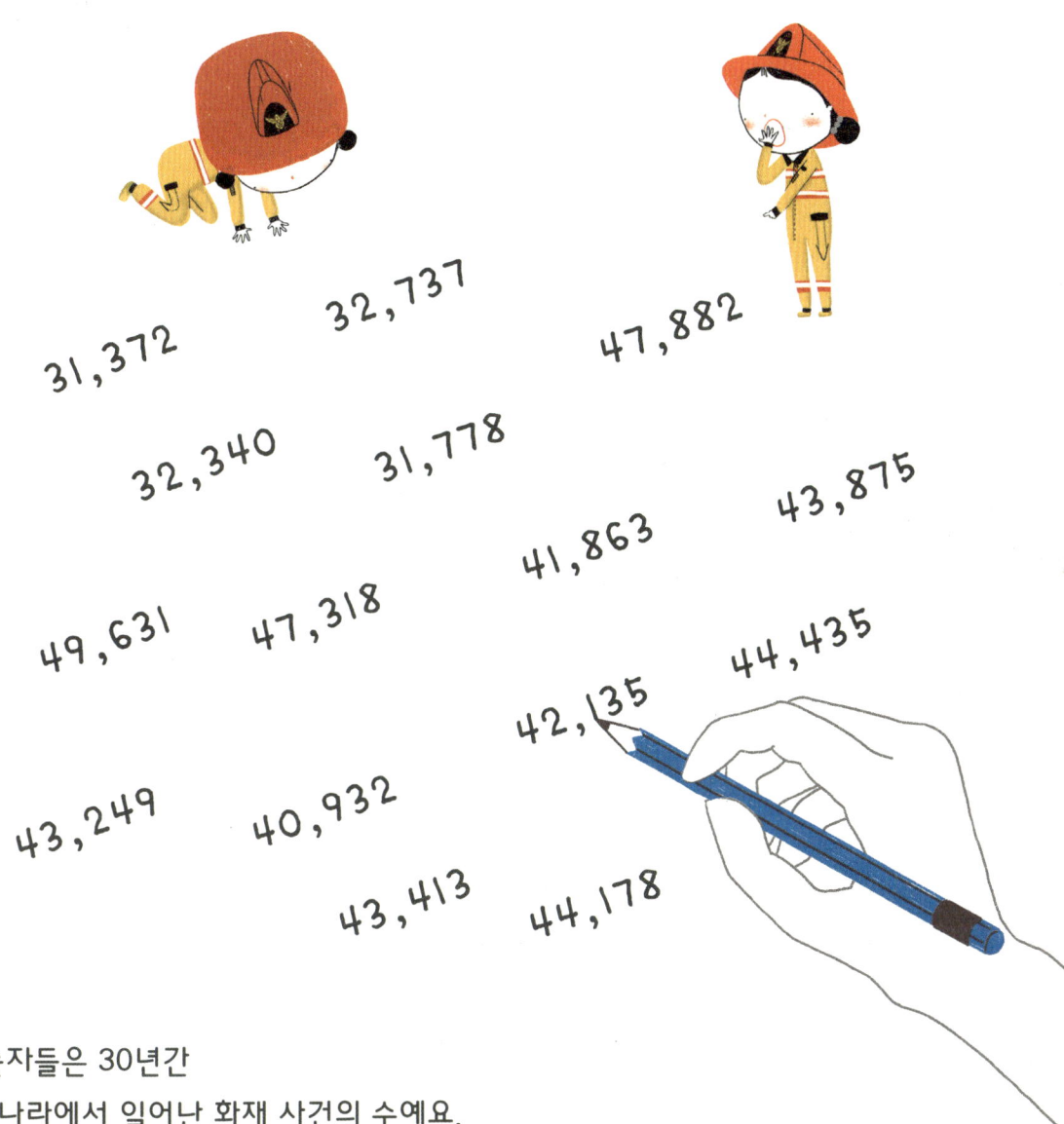

31,372　　32,737　　47,882
32,340　　31,778
49,631　　47,318　　41,863　　43,875
　　　　　　　　　42,135　　44,435
43,249　　40,932
　　　　　43,413　　44,178

이 숫자들은 30년간
우리나라에서 일어난 화재 사건의 수예요.
하루 평균 90건, 한 시간에 4건의 화재가 일어났어요.
정말 엄청나지요!
화재 원인의 반 이상이 부주의 때문이라고 해요.
조금만 주의를 기울이면 얼마든지 화재를 예방할 수 있어요.

불장난

호기심에 해 본 장난이
큰불로 이어질 수 있어요.
절대 하면 안 되는 불장난을 알아봐요.

● **폭죽놀이**

집 안에서 폭죽을 터트리면
불꽃이 천장이나 가구에
옮겨붙어 불이 날 수 있어요.

● **라이터**

호기심에라도 라이터로 종이를
태우는 행동을 하면 안 돼요.
순식간에 큰불이 일어날 수 있어요.

● 전자레인지

은박지나 종이를 전자레인지에 넣고 돌리면 불이 붙을 수 있어요. 달걀이나 유리병은 폭발할 수도 있지요. 전자레인지를 사용할 때에는 꼭 어른에게 물어보고 사용해야 해요.

● 촛불

촛불은 언제든 다른 곳으로 옮겨 붙을 수 있어요. 그래서 촛불을 켜 놓고 잠을 자거나 외출하면 절대 안 돼요.

집 안 화재

집에서 일어날 수 있는 화재의 가장 큰 원인은
우리가 매일 사용하는 가스와 전기예요.
그래서 항상 주의해서 사용해야 하지요.

● 가스

불은 주방에서 가장 많이 일어나요.
특히 요리 중에 불이 기름이나 물건에
옮겨붙는 경우가 많지요.
그래서 가스레인지 주변에는
불에 탈 수 있는 물건을 두면 안 돼요.

음식물이 넘쳐서 가스 불이 꺼지면
가스가 새어 나올 수 있어요.
그런데 자리를 비워서 그 사실을 모르고
가스에 불을 붙이면 큰 폭발로 이어지지요.
그래서 음식을 할 때에는 자리를 비우면 안 된답니다.

● 전기

하나의 콘센트에 여러 전기 기구를 꽂아 사용하면 '과부하'에 걸려 지나치게 높은 열이 발생해요. 또, 콘센트나 전열 기구* 등에 먼지가 쌓이면 불이 날 수 있어요.

* **전열 기구** 전기를 열로 바꾸어 주는 기구로, 다리미, 전기장판, 드라이어 등

● 담뱃불

담뱃불을 제대로 끄지 않고 쓰레기통에 버리면 불이 다시 살아날 수 있어요. 실제로 담뱃불을 완전히 끄지 않은 담배를 재떨이에 놓은 채 잠이 들었다가, 화재로 가족 모두가 사망한 일도 있어요. 또, 담뱃불을 끄지 않은 담배를 베란다 밖으로 던져 버려서 아파트에 불이 난 적도 있지요. 그래서 항상 담뱃불을 조심해야 해요.

일상이의 메모	# 가스 안전 수칙

가스는 눈에 보이지 않기 때문에 가스가 새는지 쉽게 알기 어려워요.
하지만 가스 안전 수칙을 제대로 지킨다면
가스 불을 안전하게 이용할 수 있어요.

사용 전에는
가스가 새고 있는지
냄새를 맡아 확인해요.

가스 불 옆을
떠나지 말고
주의하며 지켜봐요.

가스레인지
근처에는 타기 쉬운
물건을 두면 안 돼요.

사용 후에는 콕과
중간 밸브를 확실히 잠가요.

수시로 창문을 열어
실내를 환기시켜요.

외출하기 전에는
중간 밸브를 잠갔는지
확인해요.

일상이의 메모	전기 안전 수칙

전기 화재는 전기 기구의 관리를 소홀히 하거나 무리하게 사용해서 일어나는 경우가 많아요. 그래서 전기 안전 수칙을 지켜야 안전해요.

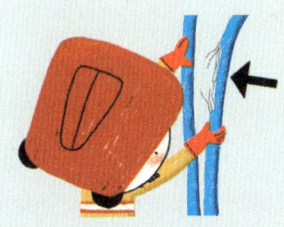

오래됐거나 벗겨진 전선은 새 전선으로 교체해요.

못이나 스테이플러로 전선을 고정하면 감전될 수 있어요.

전기 기구를 사용하지 않을 때에는 스위치를 끄고 플러그를 뽑아요.

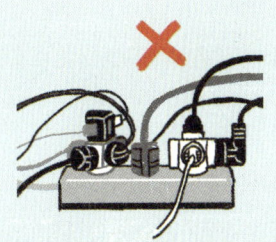

하나의 콘센트에 여러 개의 플러그를 꽂으면, 과열되어 불이 날 수 있어요.

전기장판, 전기다리미 등 전열 기구를 오랜 시간 사용하면, 과열되어 화재가 일어날 수 있어요.

컴퓨터, 냉장고, 세탁기 등 전자 제품 뒤편에 먼지가 쌓이지 않도록 꼭 청소해요.

불은 왜 날까?

물질이 산소를 만나 빛과 열을 내면서
타는 현상을 '연소'라고 해요.
산소는 늘 우리 주변에 있어요.
그래서 열과 탈 수 있는 물건을 같이 두면
화재가 일어날 수 있지요.

● **탈 물질(가연물)**
나무처럼 열과 산소에 의해 탈 수
있는 물질을 말해요.

● **산소**
우리가 숨 쉬는 공기 중에 있답니다.

*O_2 산소 기체를 표현하는 화학적 기호

● **열**
일정 수준의 열은 물건을 태울 수 있지요.

불은 어떻게 끌까?

연소의 삼 요소인 '산소, 열, 탈 물질' 중에서
한 가지만 없애면 불을 끌 수 있어요.
이렇게 불을 끄는 것을 '소화'라고 해요.

● **열 낮추기**

불에 물을 뿌리면
열이 내려가 불이 꺼져요.

● **탈 물질 제거**

가스와 나무 등과 같은 탈 물질을
제거하면 불이 꺼져요.

● **산소 차단**

모래를 뿌리거나 물에 적신 담요를 덮으면
산소가 없어져서 불이 꺼져요.

불이 난 걸 어떻게 알까?

불이 난 걸 빨리 아는 것은 매우 중요해요.
화재가 발생하고 5분 정도가 지나면, 불이 급격히 번지고 피해가 커지거든요.

연기가 보이고 눈이 따가워요.

타는 냄새가 나요.

불의 열기로 몸이 뜨거워져요.

사람들의 비명과 비상벨 소리가 들려요.

화재 대피 및 신고

불이 나면 우선 대피부터 해야 해요.
대피한 뒤에는 119에 신고를 해야 하지요.
신고부터 하고 대피하면 불길에 갇혀 위험할 수 있어요!
안전한 곳으로의 대피가 먼저라는 것을 잊지 마세요.

대피한 뒤에 119에 신고하기!

119에 신고하기

화재 신고 번호는 119예요.
그런데 119에 전화를 건 다음에는
어떻게 해야 할까요?

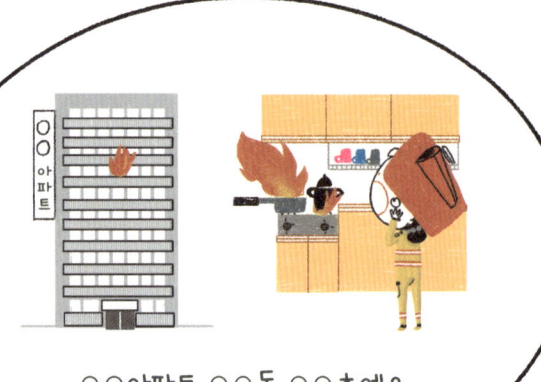

○○아파트 ○○동 ○○호예요.
주방에서 불이 났어요!

1 정확한 주소와 어디에서 불이 났는지 알려 줘요.

2 소방관이 알았다고 할 때까지 전화를 끊지 말고 기다려요.

휴대 전화에서는 긴급 버튼을 누르고 119를 누르면 무료 통화가 가능해요.

알겠습니다.

| 일상이의 메모 | ## 왜 장난 전화를 하면 안 될까요? |

장난으로 119에 전화를 하면, 신고 전화를 못 받게 돼요.
그럼 소방관이 제때 출동하지 못해서
위험에 처한 사람을 구하지 못할 수도 있지요.
장난 전화는 다른 사람의 목숨을
앗아 갈 수 있을 만큼 아주 위험한 행동이에요.
그래서 장난 전화는 절대 하면 안 돼요.

왜 계속 통화 중이지? 건물 안에 사람들이 있는데······.

소방서에 화재 또는 구조·구급이 필요한 상황을 장난으로 알린 경우,
1회 100만 원, 2회 150만 원, 3회 200만 원의 과태료를 내야 한답니다.

화재가 났을 때 대피 순서

실제로 불이 나면 당황해서 대피를 못 하는 경우도 있어요.
그래서 평소에 대피하는 법을 알아 두어야 한답니다.

화재가 난 것을 알게 되면
우선 침착해야 해요.

가능하다면 119에
신고하면서 대피해요.

"불이야!" 하고 크게 외쳐서
다른 사람들에게 화재를 알려요.

최대한 자세를 낮추고
유도등을 따라 조심조심
밖으로 대피해요.

옷이나 수건 등을
물에 적셔 코와 입을 가려요.

엘리베이터 대신
계단을 이용해 밖으로
나가 구조를 기다려요.

연기 조심하기

불이 나면 특히 연기를 조심해야 해요.
연기 속에는 독성이 강한 물질이 많이 들어 있거든요.
한 모금만 마셔도 정신을 잃을 수 있답니다.

- 낮은 자세 취하기

불이 날 때 발생하는 유독 가스는 공기보다 가벼워서 위로 올라가요. 젖은 손수건이나 수건으로 입과 코를 막고 낮은 자세로 대피해요.

- 방화문 닫기

불이 나서 대피할 때에는 현관문과 아파트 복도 방화문을 꼭 닫아요.
방화문을 열어 놓으면 시커먼 연기가 쏟아져 나와 이웃집까지 번져서 위험해요.

일상이의 메모	# 유독 가스 대처 방법

유독 가스를 마시면 코피가 나거나 배가 아플 수 있어요.
하지만 대부분 이런 현상이 나타나기 전에 의식을 잃게 되지요.
밀폐*된 공간에서 유독 가스에 노출되면 3분 안에 의식이 없어질 수 있답니다.

*밀폐 샐 틈이 없이 꼭 막거나 닫음

의식을 잃은 상태에서 계속
유독 가스를 들이마시게 되면,
1~3분 안에 심장이 정지돼요.
5분 후에는 뇌사 상태에 빠질 수 있지요.

창문을 열어 환기시키고
물에 적신 수건 등으로 입을 막아요.
그럼 최대 20분까지 버틸 수 있답니다.
이때, 낮은 자세를 유지하면 더 좋아요.

화상 조심하기

불이 나면, 몸에 화상을 입지 않도록 조심해야 해요.
화상은 열에 의해 피부가 손상되는 것을 말해요.
어떻게 하면 안전하게 대피할 수 있을까요?

- **피부 노출하지 않기**

  두꺼운 외투나 긴바지를 입어,
  피부가 불에 노출되지 않게 해요.

- **물로 열기 차단하기**

  불꽃이 커지면 불의 열기로도 화상을 입을 수 있어요.
  그래서 옷에 불을 뿌리거나 물을 적신 이불로
  몸을 덮고 대피해야 해요.

화상 응급 처치

화상으로 생긴 상처는 잘못 치료하면 감염되거나 더 심해질 수 있어요. 그래서 화상을 입으면 곧바로 병원에 가야 해요. 병원에 가기 전에 필요한 응급 처치 법을 알아봐요.

1 제일 먼저 화상 부위를 흐르는 찬물에 식혀요.

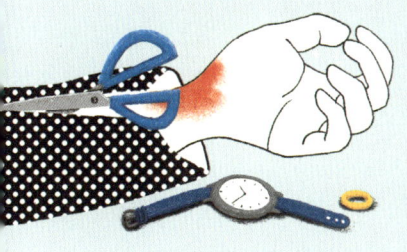

2 화상으로 생긴 물집이 터지지 않게 조심하며 상처 근처에 있는 시계나 반지, 옷 등을 미리 빼놓아요.

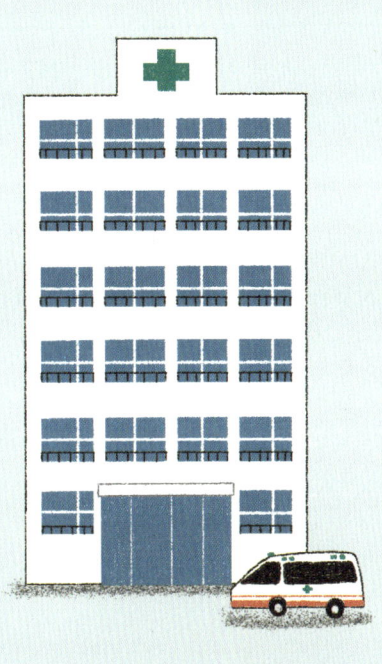

3 깨끗한 천이나 붕대로 화상 부위를 감싸고 병원에 가요.

| 일상이의 메모 | # 단계별 화상 증상 |

화상은 피부의 손상 깊이에 따라 세 가지로 나뉘어요.
원인과 증상도 조금씩 다르답니다.

- 1도 화상 : 겉 피부만 손상된 경우

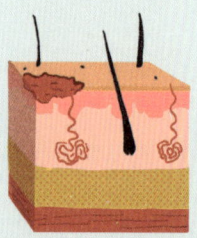

피부가 빨개지고 아프지만 물집은 생기지 않아요. 오랜 시간 뜨거운 햇볕을 쬐거나 뜨거운 물체에 살짝 닿았을 때 생기지요.

- 2도 화상 : 속 피부의 일부까지 손상된 경우

물집이 생기고 엄청난 아픔이 느껴져요. 뜨거운 물을 쏟았을 경우에 생기지요.

- 3도 화상 : 피부 전 층이 손상된 경우

피부가 하얗게 또는 검게 변하고, 피부 신경이 손상되어 아픔을 느끼지 못해요. 폭발 사고나 고압 전기 등에 닿으면 생길 수 있지요.

장소별 대피 방법

화재는 장소에 따라 대피하는 방법이 달라져요.
장소별 화재 대피 방법을 알아봐요.

- 불길이나 연기 때문에 1층으로 내려가기 힘들면 옥상으로 대피해요.

아파트에서의 대피 방법

- 유독 가스가 번지지 않게 현관문 앞 방화문을 꼭 닫아요.

- 엘리베이터를 타고 대피하면 절대 안 돼요! 엘리베이터 통로를 통해 연기가 이동하기 때문에 정말 위험해요.

- 계단에 연기가 가득하면 베란다로 가요. 베란다 벽은 비상시 탈출구로 사용할 수 있게 얇은 벽으로 되어 있어요. 베란다 벽을 부순 후 옆집으로 대피해요.

- 불이 나면 제일 먼저 건물을 벗어나야 해요. 계단을 통해 1층으로 대피해요.

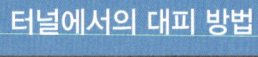
터널에서의 대피 방법

- 운전자는 차량과 함께 터널 밖으로 신속히 이동해요. 터널 밖으로 이동이 불가능한 경우에는, 최대한 도로 바깥쪽 가장자리에 차를 붙여서 세워요.

- 비상벨을 누르거나 비상 전화로 화재 발생을 알려요.

- 엔진을 끈 후 키를 꽂아 두고 신속하게 차에서 내려요. 자동차 키는 화재 진압 후 차를 이동할 때 필요하지요.

산에서의 대피 방법

- 산불은 낮은 곳에서 높은 곳으로 타들어 가기 때문에 산불보다 높은 곳으로 대피하면 안 돼요.

- 산불을 발견하면 즉시 119로 신고해요.

- 산불은 바람이 부는 방향으로 번지기 때문에 바람을 등지고 불을 꺼야 해요.

- 초기의 작은 산불이라면 나뭇가지 등을 이용해 불을 꺼요.

- 불길에 휩싸일 경우 당황하지 말고, 침착하게 불길이 약한 곳으로 신속히 대피해요.

- 동굴이나 도로, 바위 뒤 등으로 피해요.

- 불에 잘 타는 낙엽이나 나뭇가지 등이 적은 곳으로 대피해요.

일상이의 메모	# 산불 예방

산은 불에 잘 타는 낙엽이나 나뭇가지 등 탈 물질로 가득해요.
작은 불씨도 순식간에 큰불로 번질 수 있지요.
그래서 산불은 예방이 제일 중요해요.

- 산에서 담배를 피우면 안 돼요.

- 봄가을에는 낙엽이 말라 있어서 산불이 나기 쉬우므로 더 조심해야 해요.

- 산속에서 취사를 하거나 모닥불을 피우면 안 돼요.

- 등산할 때 라이터 등 불을 붙일 수 있는 물질을 가지고 가면 안 돼요.

- 산 밑의 밭에서 쓰레기를 태우면 불씨가 옆으로 번질 수 있어요. 이럴 때에는 소화기를 준비해 놓고 태워야 해요.

불이 난 건물 안에 갇히면

현관문 앞에 불이 나서 나갈 수 없게 되면 당황할 수 있어요.
문밖의 화재로 대피가 곤란할 때에는 다음과 같이 행동해요.

● 수건으로 창문이나 문틈 막기

창문이나 문틈을 수건으로 막아
연기가 안으로 들어오지 못하게 해요.

● 손잡이가 뜨거우면 나가지 않기

손잡이가 뜨겁다는 것은 불이 문 바로
앞까지 번졌다는 뜻이에요. 밖으로
나가는 것이 더 위험해요.

● 수건을 흔들어 구조 요청하기

현관문으로 대피할 수 없다면
베란다 쪽으로 대피해서 창문 밖으로
수건이나 옷을 흔들어 구조를 요청해요.

● 119에 신고하기

최대한 빨리 건물에 갇혀 있다는 걸
119에 전화를 해서 알려요.

일상이의 메모	## 화재 시 위험한 행동

불이 났을 때 잘못된 행동을 하면 오히려 불 안에 갇히거나 크게 다칠 수 있어요.
잘못된 행동에는 어떤 것들이 있을까요?

● 무섭다고 숨기

숨으면 구조 대원이 찾을 수 없어요.

● 화장실로 대피하기

화장실의 환기 통로를 통해 외부 연기가 들어올 수 있어서 위험해요.

● 쇠 손잡이 맨손으로 잡기

불이 나면 손잡이가 뜨거워져서 화상을 입을 수 있어요.

● 엘리베이터 타기

엘리베이터는 전기가 끊기면 갇힐 수 있으니 절대 타지 않아요.

● 창밖으로 뛰어내리기

잘못하면 크게 다치거나 생명을 잃을 수 있어요.

● 대피 시 꾸물대거나 다시 화재 현장에 들어가기

불은 금방 번지기 때문에 한번 불 안에 갇히면 나올 수 없게 돼요.

상황별 긴급 대처법

불이 났을 때, 신속히 잘 대처하면 큰불과 큰 사고를 막을 수 있어요.
상황별 대처법을 알아봐요.

● 몸에 불이 붙었을 때

1 멈추기
당황하지 말고 그 자리에 멈춰 서요.
뛰거나 몸을 흔들면 불이 더 크게 번질 수 있어요.

2 엎드리기
재빨리 바닥에 엎드리고 두 손으로 얼굴을
가려요. 얼굴에 화상을 입거나 연기가 폐로
들어가지 않게 코와 입까지 가려야 해요.

3 구르기
불이 완전히 꺼질 때까지 계속 굴러요.
휠체어를 사용하거나 엎드려 뒹굴 수 없는
경우에는 두꺼운 이불을 덮어서 불을 꺼요.

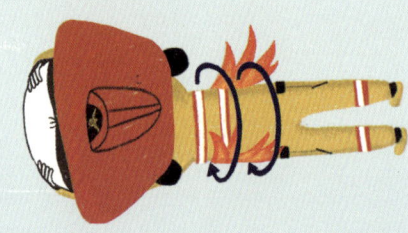

● **기름에 불이 붙었을 때**

프라이팬 속 기름에 불이 붙었을 때에는 먼저 중간 밸브를 잠가요.
그런 다음 프라이팬 뚜껑을 덮거나 마요네즈를 뿌려 불을 꺼요.
소화기를 사용해도 좋아요. 급한 마음에 물을 부으면,
기름 불꽃이 튀어 올라 매우 위험해요.

● **전기용품에 불이 났을 때**

제일 먼저 전기 코드를 뽑아서 전기를 차단해요.
그런 뒤, 두꺼운 이불을 덮거나 소화기를 사용하여 불을 꺼요.
물을 뿌리면 감전될 수 있으므로 절대 물을 사용하면 안 돼요.

우리 집 소방 시설

평소에 소방 시설의 위치를 확인하는 것은 아주 간단하면서도 가장 확실한 화재 예방 습관이에요.
우리 집에는 어떤 소방 시설이 있는지 찾아봐요.

● 옥내 소화전과 화재경보기
현관문 옆에는 옥내 소화전과 화재경보기가 있어요.

● 자동 확산 소화기

주방 천장에 설치되어 있어요.
온도가 72도 이상이 되면 자동으로 작동해요.

● 화재 감지기

집 천장에 설치되어 있어요.
화재 감지기는 열이나 연기로
불이 났는지 확인해요.

● 소화기

집에는 소화기가 한 개씩 있어요.
만약 없다면 반드시 구비해 두어야 해요.

우리 집 화재 대피도 만들기

화재 대피도는 불이 났을 때,
어디로 대피해야 하는지 알려 주는 생명 지도예요.
가족이 다 함께 '우리 집 화재 대피도'를 만들어 보세요.
화재 대피도를 보고 반복해서 대피 연습을 하면,
불이 났을 때 재빠르게 대처할 수 있답니다.

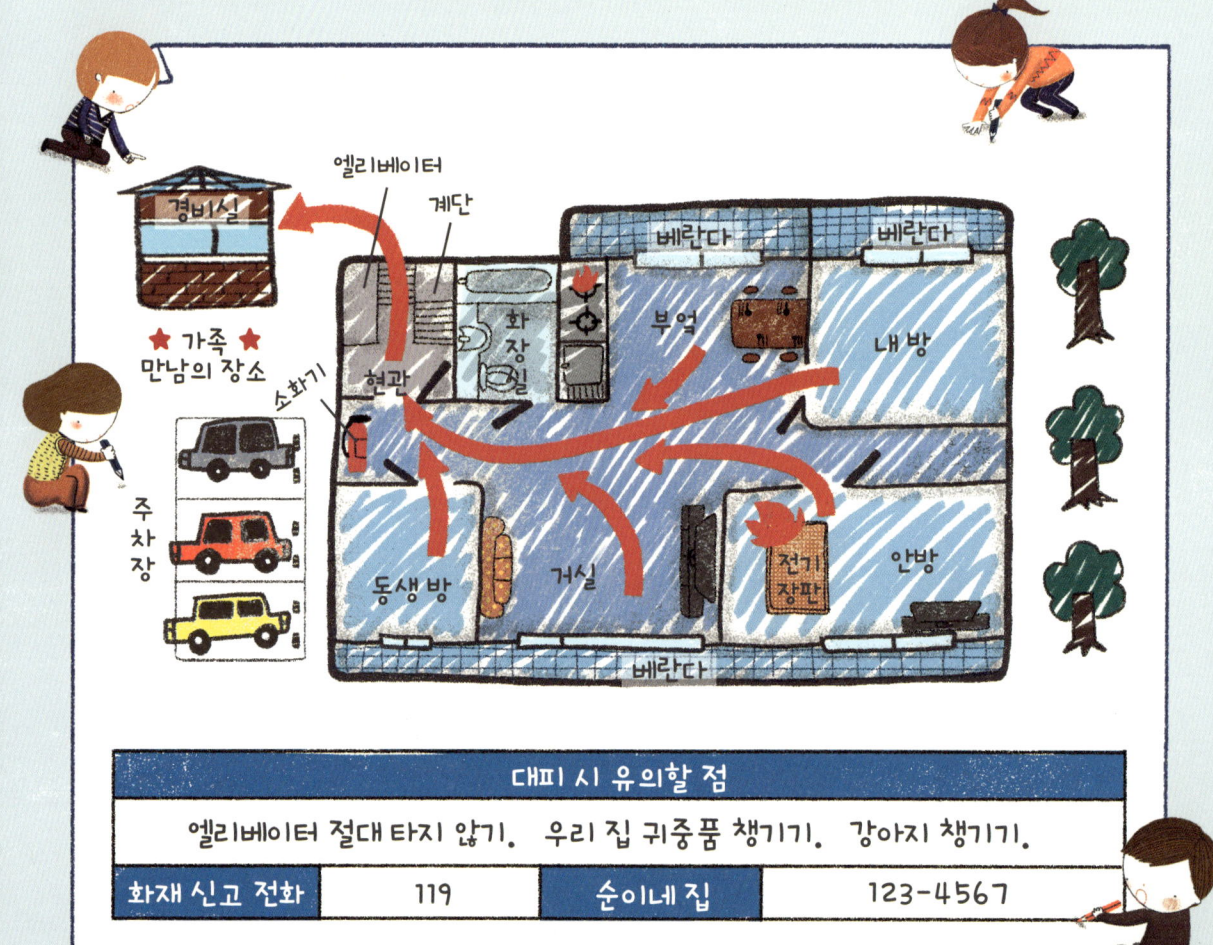

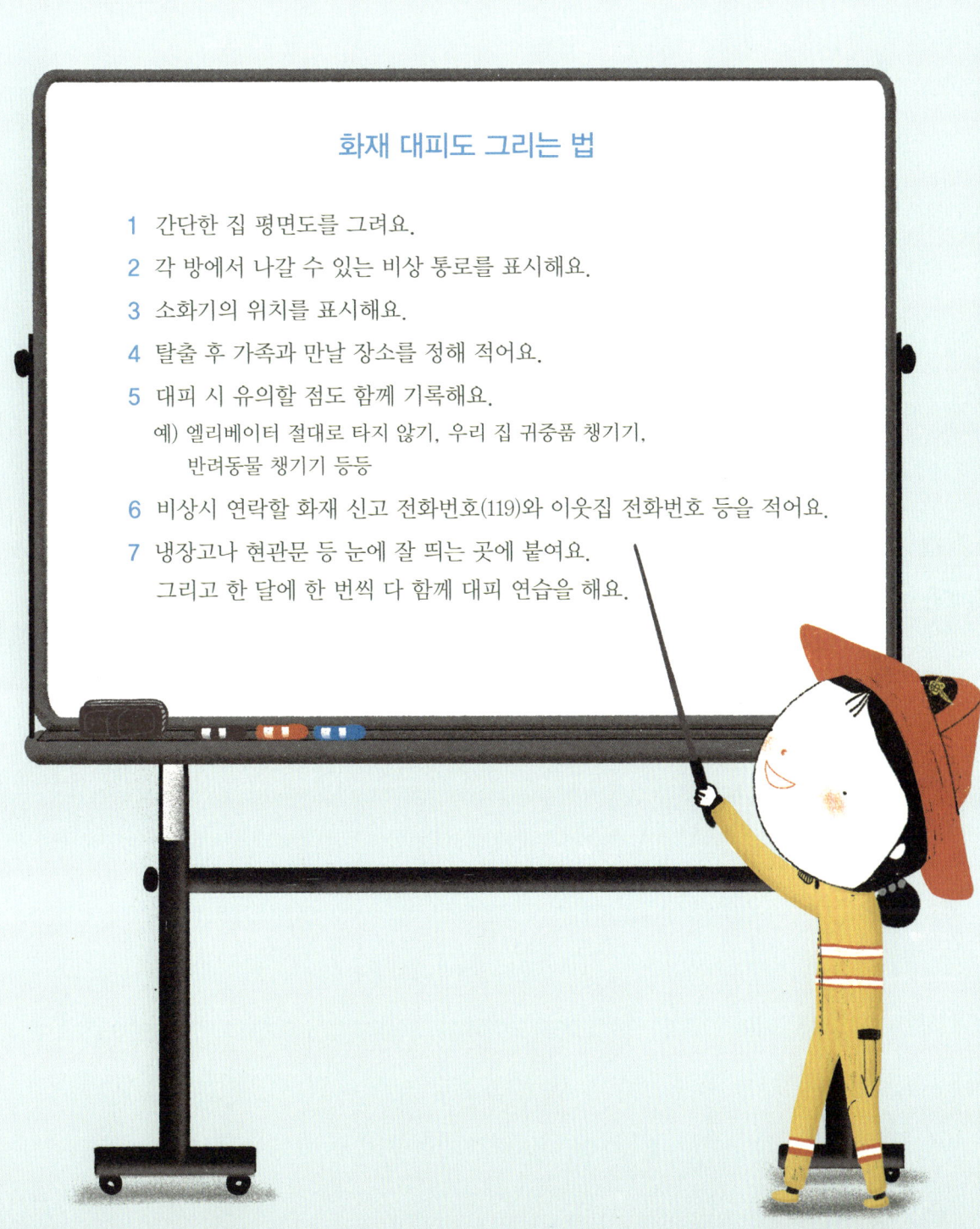

공공장소 소방 시설

공공장소에는 소방 시설이 어디에 구비되어 있을까요? 평소에 위치와 사용법을 익혀 두면 화재가 나도 빠르게 대처할 수 있겠지요.

학교

● 소화전과 화재경보기
학교 복도에 설치되어 있어요.

● 소화기
교실에 한 개씩 비치되어 있어요.

버스

● 비상 탈출용 망치
버스 유리창 옆에 비치되어 있어요. 비상시에 망치로 유리창 모서리 부분을 깨고 탈출할 수 있지요.

● 비상 밸브
출입문 옆쪽에 있어요. 비상 밸브를 '자동'에서 '수동'으로 돌린 뒤, 손으로 문을 열고 탈출하면 돼요.

● 소화기
의자 밑이나 버스 출입문 옆에 있어요.

지하철

● 비상 통화 장치

비상 통화 장치는 운전실과 연결되어 있어요.
덮개를 열고 마이크를 들면 기관사와 직접 통화할 수 있지요.
응급 상황이 발생하면 기관사에게 바로 알려요.

● 소화기

객실 양 끝에 비상 통화 장치와 소화기가 비치되어 있어요. 작은 화재가 났을 때에는 소화기를 이용해 불을 꺼요.

● 비상콕

의자 아래쪽과 출입문 옆쪽에 있어요. 화재 시에 비상콕의 덮개를 열고 몸 쪽으로 당겨요. 그런 다음 출입문을 양손으로 벌려 문을 열고 탈출해요.

일상이의 메모	소화기 사용법

화재는 초기에 진압하는 것이 중요해요.
하지만 어린이는 대피하는 게 우선이라는 것을 잊지 마세요.

● 분말 소화기

 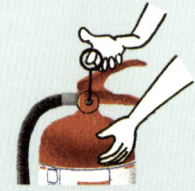 

1 불이 난 곳으로 소화기를 가져가요.
2 손잡이 부분의 안전핀을 뽑아요.
3 바람을 등지고 서서 호스를 불 쪽으로 향해요.

4 손잡이를 힘껏 움켜쥐고 빗자루로 쓸 듯이 불을 향해 뿌려요.
5 소화기는 눈에 잘 보이고 사용하기에 편리한 곳에 둬요. 햇빛이나 습기가 없는 곳이 좋아요.

● 투척용 소화기

1 덮개를 열어요.
2 소화기를 꺼내요.
3 불을 향해 소화기를 던져요.

일상이의 메모	소화전 사용법

소화전은 두 사람이 함께 사용해야 해요.
한 사람은 밸브를 열고, 호스가 꼬이지 않게 정리해요.
다른 한 사람은 호스를 잡고 불을 끄지요.

1. 소화전함 위쪽의 화재경보기를 눌러 불이 난 걸 알려요.

2. 소화전함을 열고 한 사람은 호스를 꺼내 불이 난 곳으로 향해요.

3. 다른 사람은 호스의 접힌 부분을 펴 줘요. 불을 끄러 간 사람이 준비가 되면 개폐* 밸브를 왼쪽으로 돌려 물이 나오게 해요.

*개폐 열고 닫음

4. 호스를 꼭 잡고 불이 난 곳에 물을 뿌려 불을 꺼요.

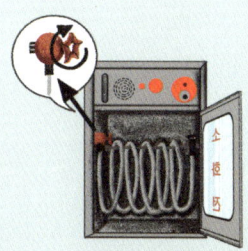

5. 사용 후에는 개폐 밸브를 오른쪽으로 돌려 잠그고, 호스를 완전히 말린 후 보관해요.

화재가 일어난 뒤에는

화재를 모두 진압한 뒤에도
할 일이 남아 있어요.
어떤 것들일까요?

● **복구* 작업**

불타 버린 물건을 치우고, 고장나거나 망가진 곳들을 고쳐야 해요. 필요한 물건도 다시 사야 하지요. 화재 피해를 입기 전으로 돌아가는 데에는 돈이 많이 들어요. 화재 보험에 가입하면 화재 사고가 났을 때 도움을 받을 수 있어요.

***복구** 이전의 상태로 돌이킴

● **심리 상담**

화재 사고를 겪으면 심리적으로 큰 충격을 받아요. 간혹 트라우마*가 생겨 일상생활을 제대로 못 할 수도 있어요. 그래서 화재 사고를 겪고 나면 상담을 받는 것이 좋아요.

***트라우마** 충격적인 사건의 경험이 현재까지 정신적 고통과 상처로 남아 스트레스가 지속되는 것

일상이의 메모	# 재난 심리 상담

우리나라에서는 화재를 비롯한 여러 재난으로 인하여 피해를 입은 사람들을 위해 심리 상담을 시행하고 있어요. 국민재난안전포털(www.safekorea.go.kr)에서 내가 사는 곳과 가까운 곳에 있는 재난심리회복지원센터를 검색한 후, 이용해 보세요. 다음과 같은 증상이 나타날 때, 상담을 받으면 심리적 안정을 되찾을 수 있어요.

- 잠자다가 종종 불이 나는 꿈을 꿔요.

- 불을 보면 가슴이 쿵쾅거리고 깜짝깜짝 놀라요.

- 뜨거운 바람을 맞으면 불이 난 것 같아 갑자기 불안해져요.

- 뉴스에서 불이 났다는 소식을 들으면 무서워요.

소방차의 종류

소방차는 우리가 흔히 아는 빨간 소방차만을 말하지 않아요.
화재 진압을 위해 일하는 모든 차를 소방차라고 부르지요.
어떤 종류의 소방차가 있는지 알아봐요.

- 조연차
어두운 곳을 밝혀 주고,
연기를 없애 줘요.

- 고가차
사다리가 있어서 고층 건물에서
화재가 났을 때 사용돼요.

- 구급차
환자를 응급 처치해 주고,
병원으로 옮겨 줘요.

- 구조 공작차
구조 대원이 구조 장비를
싣고 출동하는 차예요.

● **물탱크차**

대용량의 물을
운반하여 펌프차에
물을 공급해요.
자체 화재 진압
방수 기능도 있어요.

● **펌프차**

소방관이 타고 출동하는 소방차예요.
펌프차에 있는 호스를 꺼내 불을 끄지요.

● **화학차**

화학 물질이나 기름
때문에 불이 나면 물로 끄기 어려워요.
이럴 때 출동하는 소방차예요.

● **지휘차**

화재 현장을 지휘하는
소방 지휘관이 탄 차예요.

화재 안전 체크 리스트

체크 리스트를 작성해 보면서 평소 얼마나 화재 안전 규칙을 잘 지키며 생활하고 있는지 알아봐요. 체크하지 못한 항목이 있다면 지금부터 잘 지킬 수 있도록 노력해요. 그래야 화재 사고를 예방할 수 있답니다.

가스 안전	☐ 가스레인지 사용 전에 냄새를 맡아 확인한다. ☐ 가스레인지 근처에 타기 쉬운 물건을 두지 않는다. ☐ 가스 불을 켜 둔 채 자리를 비우지 않는다. ☐ 요리 중에 가스 불이 꺼지지 않았는지 확인한다. ☐ 가스레인지를 사용한 후에는 콕과 중간 밸브를 꼭 잠가 둔다.
전기 안전	☐ 하나의 콘센트에 여러 개의 전기 기구를 꽂아 사용하지 않는다. ☐ 전기 기구를 사용하지 않을 때에는 스위치를 끄고 플러그를 뽑는다. ☐ 전열 기구를 오랜 시간 사용하지 않는다. ☐ 누전* 차단기를 설치하고, 정기적으로 이상이 없는지 확인한다. ☐ 전선이 가구나 문에 눌리지 않았는지, 벗겨진 부분은 없는지 확인한다.
소방 시설	☐ 소화기를 눈에 잘 띄는 곳에 두었으며, 사용법을 알고 있다. ☐ 소화전의 사용법을 알고 있다. ☐ 공공장소에서 소방 시설 및 비상구의 위치를 확인한다.
안전 교육	☐ 화재 대피도를 만들고 반복해서 화재 예방 교육 및 대피 훈련을 한다. ☐ 화재가 났을 때 대피 순서를 알고 있다. ☐ 불장난을 하지 않는다. ☐ 옷에 불이 붙으면 어떻게 대처해야 하는지 알고 있다. ☐ 119에 정확하게 신고할 수 있다.

*누전 전기가 전선 밖으로 새어 나옴

● **가족 여러분께** ●

저는 불을 끄고 생명을 살리는 일을 하는 소방관입니다.

수많은 화재 현장을 다니며 화재로 인해 피해 입은 사람들을 보아 왔습니다.

화재로 소중한 가족과 집을 잃은 분들을 만날 때마다 가슴이 아픕니다.

불은 우리 생활에 큰 도움을 주지만 아차 하는 순간 돌이킬 수 없는 사고로

이어질 수 있습니다. 조금만 조심한다면 충분히 사고를 막을 수 있고 인명과

재산 피해가 발생하지 않을 겁니다. 화재는 언제 어디서 일어날지 모르기 때문에

평소 불이 나지 않도록 예방하는 것이 제일 중요합니다. 또한, 화재 안전에 대한 지식과

대처 방법을 배워 놓는다면 예상치 못한 순간이 왔을 때 큰 도움이 될 것입니다.

이 책을 읽고 보호자께서도 어린이와 함께 화재의 위험성을 알고

화재 예방 습관을 생활 속에서 실천하는 계기가 되었으면 좋겠습니다.

마지막으로 일상 속에서 기억해야 할 중요한 화재 안전 수칙 10가지를

어린이와 함께 큰 목소리로 읽어 보세요.

① 한 개의 콘센트에 여러 개의 전기 기구를 사용하지 않습니다.
② 정기적으로 전기 안전 점검을 실시합니다.
③ 전기 기구를 사용한 후에는 반드시 전원을 끕니다.
④ 요리 중에 자리를 비워야 한다면, 주방 화기를 모두 끄고 나갑니다.
⑤ 정기적으로 화재 대피 훈련을 합니다.
⑥ 호기심으로 불장난을 하지 않습니다.
⑦ 소화기를 비치하고 소화기 사용법을 배웁니다.
⑧ 옥내 소화전 사용 방법을 알아 둡니다.
⑨ 화재 비상벨이 울리면 하던 일을 멈추고 대피합니다.
⑩ 불이 나면 신속하게 119에 신고합니다.

● 작가 소개

박승균 글

숭실대학교에서 법학을 전공했으며, 대학 졸업 후 사람을 살리는 소방관이 되어 남양주 소방서에서 근무하고 있습니다. 소방공무원 최초로 상담 심리학 석사 학위를 취득하고 동료 심리 상담 및 외상 후 스트레스 장애(PTSD) 연구를 통해 소방 공무원 심리 치료에 기여한 공로를 인정받아 2016년 소방안전봉사상 대상을 받았습니다. 현재 용문상담심리대학원대학교에서 위기 관리 전공 박사 공부 중입니다. 쓴 책으로는 『골든타임 1초의 기적』이 있습니다.

마리 그림

홍익대학교 동양학과를 졸업했으며, 아이들을 키우면서 내 아이들에게 그림 이야기를 그려 주고 싶어서 그림책을 공부하기 시작했습니다. 현재는 네 명의 아들과 세 마리의 고양이, 두 마리의 개와 함께 살면서 아이들에게 그림을 가르치기도 하고, 여러 가지 그림을 그리면서 생활하고 있습니다. 그린 책으로는 『소설처럼 아름다운 수학 이야기』가 있습니다.

안전 생활 지침서
화재

초판 1쇄 발행 2018년 8월 30일

글 박승균
그림 마리

펴 낸 이 한혁수
총   괄 모계영
편 집 장 이은아
책임편집 한지영
편   집 이예은, 민가진
디 자 인 김세희
마 케 팅 구혜지, 한소정

펴낸곳 도서출판 다림
등   록 1997. 8. 1. 제1-2209호
주   소 07228 서울시 영등포구 영신로 220 KnK 디지털타워 1102호
전   화 (02) 538-2913 팩   스 (02) 563-7739
블로그 blog.naver.com/darimbooks
다림 카페 cafe.naver.com/darimbooks
전자 우편 darimbooks@hanmail.net

글 ⓒ 박승균, 2018

ISBN 978-89-6177-174-0 77500

※이 책 내용의 일부 또는 전부를 사용하려면 반드시 저작권자와 도서출판 다림의 서면 동의를 받아야 합니다.
※책값은 뒤표지에 있습니다.

이 도서의 국립중앙도서관 출판예정도서목록(CIP)은 서지정보유통지원시스템 홈페이지(http://seoji.nl.go.kr)와
국가자료종합목록시스템(http://www.nl.go.kr/kolisnet)에서 이용하실 수 있습니다. (CIP제어번호 : CIP2018026422)

제품명: 안전 생활 지침서_화재	제조자명: 도서출판 다림	제조국명: 대한민국	⚠ 주 의
전화번호: 02-538-2913	주소: 서울시 영등포구 영신로 220 KnK 디지털타워 1102호		아이들이 책을 입에 대거나
제조년월: 2018년 8월 30일	사용연령: 8세 이상		모서리에 다치지 않게
※KC마크는 이 제품이 공통안전기준에 적합하였음을 의미합니다.			주의하세요.